예수님과 함께 떠나는 복음 소풍

일대일 소풍길
클래스 3

당신의 소중하고 풍성한 인생을 응원합니다.

소풍인생에 대해서 들어 보셨습니까?

추천사

예수 그리스도를 믿음으로 구원을 받은 사람은 참 좋은 소식인 복음을 전해야 하는 사명을 함께 받았습니다. 일상에서 전도에 힘쓰는 일이 쉽지 않은 때에 쉽고 명료하게 복음을 전할 수 있는 '일대일 소풍인생 클래스 3주' 교재가 출간되어 기쁘게 생각합니다. 하나님의 사랑을 전하는 캠퍼스 선교사로서 오랫동안 함께 동역해 오신 박정우 목사님이 캠퍼스 현장의 경험을 토대로 만드신 이 소책자는 전도 교재로써 매우 유익한 교재가 될 것입니다. 복음을 전하려는 마음이 모아지기를 기대하며 전도의 훌륭한 도구로 활용하시기를 추천합니다.

광운대학교 총장 김종헌

박정우 목사님의 "일대일 소풍인생" 전도 교재는 MZ세대의 눈높이에 맞추어 흥미롭고 간결하게 복음을 제시하고 예수님을 소개하며 구원의 확신을 갖도록 돕는 교재이다. 12분 내에 복음을 쉽고 명료하게 설명할 수 있는 내용을 담고 있다. '일대일 소풍인생'은 MZ세대 간의 복음소개 뿐만 아니라 부모세대가 MZ세대를 대상으로 복음을 전할 때 그리고 국내의 외국인들에게 복음을 쉽게 전하는 교재로도 잘 활용되어 하나님 나라 확장에 귀하게 쓰임 받을 것으로 기대된다.

KAIST 박광우 교수

저자는 열정적으로 캠퍼스의 영혼을 섬겨 온 제자훈련 전문가입니다. 캠퍼스에서 오랫동안 외국인 유학생, 재학생, 동역하는 교수님들을 현장에서 섬겨왔고 제자훈련, 코칭, 상담학을 배우고 연구해 오셨습니다. 복음전도 양육 교제인 '일대일 소풍길 클래스 3'은 저자의 사역 경험이 담긴 열매입니다. 전도 및 제자훈련 기본양육 교재를 찾는 분들은 저자가 담아내고 있는 사랑의 열정과 전문성의 깊이와 넓이를 풍성히 경험하게 될 것입니다. 온 천하보다 귀한 한 영혼의 소중하고 풍성한 인생을 응원하는 값진 선물을 풍성히 누리는 '소풍길' 인생이 되기를 응원합니다.

서울대학교 캠퍼스 선교사 석종준 목사

문화명령의 엄중한 무게에도 복음전도의 중요성은 가벼워질 수 없습니다. 한국교회가 살 길은 다시 전도의 열정을 회복하는 일입니다. 저자 박정우 목사님은 이제 복음의 불모지가 된 캠퍼스에서 구령의 열정으로 섬겨온 현장 사역자입니다. MZ세대의 감성에 적합하게 제작한 '일대일 소풍인생 클래스 3주' 교재가 캠퍼스와 한국교회에 구령의 열정을 불어 넣는 촉매제가 되기를 바랍니다. 더욱이 나와 같은 지역교회 담임목사에게 신선한 도전이 될 것을 기대합니다. 기쁘고 반가운 마음으로 추천합니다.

종암제일교회 담임 우상현 목사

예수님과 함께 걸어간다면 고단한 인생길이 날마다 천국을 경험하는 길이 될 수 있다는 '일대일 소풍길 클래스 3' 교재 출간을 축하합니다. 본 교재는 잃어버린 생명에 대한 하나님 사랑의 부르심, 복음에 대한 박정우 목사님의 열정이 고스란히 녹아있습니다. 치열한 삶의 현장에 대한 박 목사님의 다양한 경험과 서로를 따뜻하게 포용해주고 소통할 수 있도록 상담학 이론이 중간중간 이해하기 쉽게 융합된 특별한 교재입니다. 그리스도인들이 서로를 응원하며 살아갈 수 있는 복음과 공감에 초점을 맞추어 소개하고 있습니다. 행복의 노하우가 소풍의 도시락처럼 맛있게 담겨있는 본 교재를 기쁜 마음으로 추천합니다.

서울광염교회 집사, 얼이별이마음꼴 관계성장연구소 이수진 소장

예수님과 함께 떠나는 복음 소풍

One to one Picnic class 3

일대일 소풍길
클래스 3

당신의 소중하고 풍성한 인생을 응원합니다.
소풍인생에 대해서 들어 보셨습니까?

교재 사용법 및 목차

- 'TTG' 'Think Together'는 나눔 도구입니다.
- 1:1 모임에서 사용하시면 효과적으로 나눌 수 있습니다.
- 소그룹에서 사용할 때는 시간 분배를 하여 사용하십시오(2과 3 과는 50분 기준, TTG는 상황에 따라 사용가능).

1과 소풍길 클래스 – p13

- 복음을 소개하는 내용입니다.

  안내자 '소개하는 분'과 **경청자 '소개 받는 분'**이 1:1로 세 번의 만남을 약속 합니다.

  교재의 내용을 그대로 읽어 주시되, 클래스 중에 생기는 질문은 진행 시간 에 맞추어 나누십시오.

  복음 전달만 필요한 분에게는 '1과 소풍길 클래스'만 전달해 주셔도 됩니 다.

  1과를 마치면 '안내자'는 '경청자'와 다음 만남의 시간과 장소를 약속하십 시오.

● 'TTG' 열정온도계

인생의 목표를 이루고 있는 열정의 측정치를 스스로 생각해 보고 동기부여
할 수 있는 성찰 도구입니다.

100도씨를 이루기 위해 내가 할 수 있는 가능성 목록을 만들어 도전할 수
있습니다.

열정 목록 대신에 가족, 직장, 연구, 사랑 등 목록을 바꾸어도 좋습니다.

주위의 동료들과 현재의 나를 서로 소개하여 소통하고 이해 할 수 있는 자
기개방 도구입니다.

2과 예수길 클래스 – p27

● 예수님을 소개하는 내용입니다.

안내자는 계속 **'안내자'**로 호칭하고, 경청자는 성경을 함께 여행하는 동행
자로서 **'동반자'**로 부릅니다.

예수님은 어떤 분인지, 어떤 일을 하셨는지, 지금 무엇을 하고 계시는지를
알게 됩니다.

● 'TTG' 인생 일곱질문

인생 일곱질문은 소중한 자신의 인생을 성찰하는 도구입니다.

'현재의 나'와 '미래의 나'를 자기 개방하며 마음의 소통을 할 수 있는 질문
도구입니다.

3과 구원길 클래스 – p53

● 구원의 내용을 소개하는 내용입니다.

구원의 성경적 의미, 구원의 확신을 점검 및 확인해 줍니다.

● 'TTG' 나의 인생그래프

내 인생의 주요 사건의 그래프를 만듭니다.

'기쁨'과 '어려움'을 느꼈던 중요한 사건을 나이별로 기록합니다.

내 삶의 과정을 성찰하면서 자신을 이해하고, 함께 나누는 상대방을 공감의 수용으로 알아 갈 수 있습니다.

3분의 행복 – p9

3분이내로 요약한 복음을 소개하는 내용입니다.

1분의 행복 – p74

1분 이내로 요약한 복음을 소개하는 내용입니다.

당신의 소중하고
풍성한 인생을 응원합니다.
소풍인생에 대해서 들어 보셨습니까?

당신의 소중한 인생을 응원합니다.

하나님은 '당신을 사랑'하십니다(요3:16).

하나님은 사랑하는 당신을 위해서 인생 선물을 준비하셨습니다.

그 선물은 무엇일까요?

하나님은 당신에게 무엇이든지 할 수 있는 가능성을 주셨습니다.

하나님은 당신의 가능성이 풍성한 열매를 맺도록 예수

그리스도를 보내주셨습니다(빌4:13).

예수님은 당신이 생명을 얻고 풍성한 인생이 되도록 하나님의

통로가 되어주셨습니다.

하나님은 당신과 내가 풍성한 인생을 살기를 원하셔서 예수님을
보내주셨습니다(요10:10).
예수님은 우리의 크고 작은 모든 죄를 대신해서 십자가에 못 박혀
죽었고, 3일 만에 다시 살아났습니다.
마침내 하나님과 우리 사이에 갈라진 틈을 이어주는 다리가
되었습니다.

당신은 예수님을 구원자로 믿고 영원한 생명을 얻게 됩니다.
영원한 생명의 선물을 얻는 방법은 우리 각자가 예수님을 내
인생의 구원자로 초대하는 것입니다(요1:12).

사람은 각자가 예수님을 내 인생의 구원자로 초대하여 소통하게
됩니다.
예수님과 동행하는 인생은 그분이 주시는 풍성한 삶을 누리는 것을
의미합니다.
예수님을 마음에 초청한 당신은 예수님과 알콩달콩 소통하게
됩니다(계3:20).

예수님과 소통하고 싶습니까?
예수님이 내 인생에 들어오시도록 '기대하는 마음'으로 기도
하십시오.

다음의 기도내용을 입으로 소리 내어 읽거나 조용히 마음으로 함께 기도해 볼까요!

'예수님, 나는 구원자 예수님을 알기 원합니다.
지금 내 마음의 문을 열고 예수님을 내 인생의 구원자와
안내자로 받아들이고 싶습니다.
내 인생에 들어오셔서 소통해 주십시오.
예수님이 주시는 영원한 생명의 구원을 선물로 받고 싶습니다.
하나님의 자녀가 되어 소중하고 풍성한 인생을 살도록 안내해
주십시오.
예수님의 이름으로 기도합니다. 아멘'

당신은 그리스도인들이 모이는 교회(공동체)에서 함께 응원 할 수
있습니다.
당신이 원하시면...

당신이 살고 계신 동네의 건강한 교회와 그리스도인 모임에 참여할
수 있습니다.
원하시면 건강한 교회를 소개해 드리겠습니다.
당신의 인생을 힘껏 응원하고 축복합니다.
경청해주셔서 고맙습니다.

일대일 클래스 1
One to one Class 1

소풍길

당신의 **소중**하고 **풍성**한 **인생**을 응원합니다.

소풍인생에 대해서 들어 보셨습니까?

당신의 소중한 인생을 응원합니다.

성경 요한복음 3장 16절은
'하나님이 세상(당신)을 무척 사랑하셔서 하나밖에 없는 외아들마저 보내 주셨으니 누구든지 그를 믿기만 하면 멸망하지 않고 영원한 생명을 얻는다'라고 말씀합니다.

하나님은 '당신을 사랑'하십니다.

하나님은 사랑하는 당신을 위해서 인생 선물을 준비하셨습니다.
그 선물은 무엇일까요?

하나님은 당신에게 무엇이든지 할 수 있는 가능성을 주셨습니다.

성경 빌립보서 4장 13절은
'나에게 능력 주시는 분 안에서 나는 모든 것을 할 수 있습니다'라고 말씀합니다.

세상과 사람을 창조하신 하나님은 당신에게 '가능성이라는 선물'을 주셨습니다.
하나님이 주신 가능성은 당신이 기대하는 일을 실제로 이룰 수 있는 창조의 능력을 의미합니다.

하나님은 당신의 가능성이 풍성한 열매를 맺도록 예수 그리스도를 보내주셨습니다

풍성한 인생

예수님은 당신이 생명을 얻고 풍성한 인생이 되도록 하나님의 통로가 되어주셨습니다.

성경 요한복음 10장 10절은
'도둑이 오는 것은 양(당신)을 훔쳐다가 죽여 없애려는 것뿐이다. 그러나 내가 온 것은 양들(당신)이 생명(영생)을 얻되 더욱 풍성히 얻도록 하기 위해서이다'라고 말씀합니다.

예수님이 주시는 풍성함은 '하나님의 사랑을 경험'하고, 언젠가 이세상을 떠날 때에 '하나님 나라(천국)에서 영원한 삶'을 누리는 것입니다.
그러나 '도둑'(마귀, 사탄)은 예수님이 주시는 생명을 얻지 못하도록 하나님을 '의심'하고 그분의 말씀을 '거부'하게 했습니다.
이것이 '성경이 말하는 죄의 정의'입니다.
죄는 하나님이 사람에게 주신 가능성이라는 선물을 부패하게 했습니다.
그 결과 하나님과 사람 사이에 틈이 생겨 갈라졌습니다.

하나님은 당신과 내가 풍성한 인생을 살기를 원하셔서 예수님을
보내주셨습니다.
예수님은 우리의 크고 작은 모든 죄를 대신해서 십자가에 못 박혀
죽었고, 3일 만에 다시 살아났습니다.
마침내 하나님과 우리 사이에 갈라진 틈을 이어주는 다리가
되었습니다.

당신은 예수님을 구원자로 믿고 영원한 생명을 얻게 됩니다.

성경 요한복음 1장 12절은
'그러나 그분은 자기를 영접하고 믿는 사람들에게는 하나님의 자녀가
되는 특권을 주셨다'라고 말씀합니다.

우리는 예수님을 '나의 구원자'로 믿고 하나님의 자녀가 되어, 하나
님이 주시는 영원한 천국을 소유하게 됩니다.

영원한 생명의 선물을 얻는 방법은
우리 각자가 예수님을 내 인생의 구원자로 초대하는 것입니다.

초대하는 인생

사람은 각자가 예수님을 내 인생의 구원자로 초대하여 소통하게 됩니다.

예수님은 성경 요한계시록 3장 20절에서
'보라, 내가 밖에 서서 문을 두드리고 있다. 누구든지 내 음성을 듣고 문을 열면 내가 그에게 들어가서 그와 함께 먹고 그는 나와 함께 먹을 것이다'라고 말씀합니다.

예수님을 구원자로 받아들인다는 것은!
내 인생의 크고 작은 모든 일을 예수님에게 맡기고 함께 살아가는 것입니다. 그러면 하나님이 나에게 주시려고 계획한 풍성하고 소중한 인생의 목적을 알게 됩니다.

예수님과 동행하는 인생은 그분이 주시는 풍성한 삶을 누리는 것을 의미합니다.
예수님을 마음에 초청한 당신은 예수님과 알콩달콩 소통하게 됩니다.

예수님과 소통하고 싶습니까?

예수님이 내 인생에 들어오시도록 '기대하는 마음'으로 기도하십시오. 다음의 내용을 함께 읽으며 기도해보겠습니다.
입으로 소리 내어 읽거나 조용히 마음으로 읽어도 됩니다.

'예수님, 나는 구원자 예수님을 알기 원합니다.
지금 내 마음의 문을 열고 예수님을 내 인생의 구원자와 안내자로 받아들이고 싶습니다. 내 인생에 들어오셔서 소통해 주십시오. 예수님이 주시는 영원한 생명의 구원을 선물로 받고 싶습니다. 하나님의 자녀가 되어 소중하고 풍성한 인생을 살도록 안내해 주십시오.
예수님의 이름으로 기도합니다. 아멘'

이 기도의 내용을 조용한 곳에서 다시 읽으면서 기도해도 됩니다.

당신은 다른 그리스도인들과 소통할 수 있습니다.

당신은 그리스도인들이 모이는 교회(공동체)에서 서로 응원할 수 있습니다.

이제 하나님이 주신 소중하고 풍성한 인생을 살기로 결심하셨습니다.
그리스도인들이 모이는 건강한 교회와 공동체에서 교제하십시오.
소중하고 풍성한 인생의 가능성을 격려 받고 이루어 갈 수 있습니다.

모닥불에 여러 나무토막을 넣으면 따스한 불이 오랫동안 유지되듯이, 당신과 다른 그리스도인들의 관계도 이와 같습니다.
당신은 다른 그리스도인들과 믿음을 소통하고 응원하는 모임(교회, 공동체, 소그룹, 성경공부, 봉사활동 등)에 참여하여 '건강한 가족'으로 성장하고 성숙할 수 있습니다.

당신이 원하시면...

우리 동네의 건강한 교회와
그리스도인 모임에 참여할 수 있습니다

우리 주위에 있는 건강한 그리스도인 모임을 소개합니다.

그리스도인 교수, 선생, 학생, 직장동료들이 활동하는 모임과 동네 교회 예배에 참여할 수 있습니다.

자, 이제 예수님과 함께 소중하고 풍성한 인생을 살아가 보시면 어떠실까요!

당신의 인생을 힘껏 응원하고 축복합니다.
경청해주셔서 고맙습니다.

우리 동네 교회와 그리스도인 모임을 소개합니다

....

....

....

....

....

....

오늘 알게 된 내용 이외에 정보가 더 필요하시면...

p.s. 하나님의 사랑과 계획이 담긴 성경을 더 배우기 원하십니까!

기독교인은 하나님이 기록한 성경말씀으로 성장 성숙하고 인생의 길을 발견해 갑니다. '영성길클래스 9주' 교재를 사용하시면 인생, 교회, 하나님, 사람, 예수님, 성령님, 구원, 영적전쟁, 예수님의 재림과 종말의 주제를 바르게 배울 수 있습니다.
교재는 시중 온라인 서점에서 구입할 수 있습니다(영성길클래스9주, 박정우 지음, 우리시대).

궁금하신 내용이 있거나 개인적인 도움이 필요하다면
아래의 연락처로 연락 주시면 안내받을 수 있습니다.

- ●이메일:
- ●연락처:

열정 온도계

가족, 개인의 인생 목표 목록을 만들어 각 목록마다 열정온도를 기록해 보십시오

Tips.

1. 나의 열정이 현재 몇 도가 되는지 스스로 해당 온도를 기록합니다.

2. 수치
   0도 – 열정이 없는 상태
   50도 – 열정이 생기고 있는 상태
   100도 – 열정이 충분한 상태

3. 현재의 온도수치를 스스로 생각하여 다음의 질문을 서로 나눕니다.
   1) 현재의 온도를 갖게 된 이유는 무엇입니까?
   2) 열정의 온도를 높이거나 유지하려면 어떻게 해야 할까요?
   3) 나에게 열정적인(도전적인) 에너지를 주는 모델은 누구입니까?

4. 열정목록을 사랑, 섬김, 학업, 기도, 예배 등 개인과 가족, 공동체에서 필요한 목록을 만들어 나누어도 됩니다.

100
95
90
85
80
75
70
65
60
55
50
45
40
35
30
25
20
15
10
5
0

열정 온도계

100	
95	
90	
85	
80	
75	
70	
65	
60	
55	
50	
45	
40	
35	
30	
25	
20	
15	
10	
5	
0	

일대일 클래스 2

One to one Class 2

예수길

클래스 2
예수님은 누구입니까

———— ·≪≫· ————

✚ 핵심성경

요한복음 3장 16절

하나님이 세상을 이처럼 사랑하사 독생자를 주셨으니 이는 저를
믿는 자마다 영생을 얻게 하려 하심이라

마태복음 16장 16절

시몬 베드로가 대답하여 이르되 주는 그리스도시요 살아 계신
하나님의 아들이시니이다

✚ 핵심내용

● 예수님은 어떤 분인지를 이해하게 됩니다.
● 예수님이 어떤 일을 하셨는지 알게 됩니다.
● 예수님은 지금 무엇을 하고 계신지를 알게 됩니다

마음의 문을 활짝 열며...

● 내 인생에서 닮고 싶거나 존경하는 사람은 누구입니까?
● 그 이유를 함께 나누어 주시겠습니까?

....

....

● 나는 내 가족에게(자녀에게, 부모에게, 남편에게 아내에게) 어떤 사람
  이 되고 싶습니까?

....

....

● 당신이 경험했거나 알고 있는 예수님은 어떤 분입니까?

....

....

말씀의 씨앗을 뿌리며...

예수님은 어떤 분입니까?
(이 부분은 예수님의 신분증에 해당하는 부분입니다)

1 지금까지 당신은 예수님을 어떤 분이라고 생각하셨습니까? 사람을 만나 소개를 받을 때, 주변 사항들을 함께 소개받습니다.

그 사람과 대화를 하면서 생각, 성품, 인생목표를 알게 되고, 가까운 사람을 통해서도 그 사람에 관해 여러 가지를 알게 됩니다. 예수님을 소개 하거나 소개 받을 때도 그렇습니다.

● 당신은 예수님을 어떤 분이라고 생각하셨습니까?

● 사람마다 예수님에 대한 생각이 다를 수가 있습니다.
소개받는 사람을 더 알기 위해서는 당사자의 이야기나 가까운 사람들의 의견을 들어보아야 합니다.

● 예수님은 자신을 '이 성경이 곧 내게 대하여 증거 하는 것으로다'(요 5:39)라고 소개합니다.

요한복음 5장 39절
너희가 성경에서 영생을 얻는 줄 생각하고 성경을 연구하거니와 이 성경이 곧 내게 대하여 증언하는 것이니라

2 예수님의 국적, 출생지 및 성장지를 알아 봅시다.

마태복음 2장 1절, 21절

¹ 헤롯 왕 때에 예수께서 유대 베들레헴에서 나시매 동방으로부터 박사들이
예루살렘에 이르러 말하되 … ²³ 나사렛이란 동네에 가서 사니 이는 선지자로
하신 말씀에 나사렛 사람이라 칭하리라 하심을 이루려 함이러라

예수님의 국적은 (유대), 출생지는 (베들레헴), 성장지는 (나사렛)입니다.

● 예수님의 어린 시절 성장은 어떠했을까요?

....

....

누가복음 2장 52절

예수는 지혜와 키가 자라가며 하나님과 사람에게 더욱 사랑스러워 가시더라

어린시절 예수님은 평범한 아이들처럼 성장하셨음을 알 수
있습니다.

● 예수님의 일상의 삶은 어떠했습니까?

....

....

마태복음 4:2

사십 일을 밤낮으로 금식하신 후에 주리신지라

요한복음 4:6

거기 또 야곱의 우물이 있더라 예수께서 길 가시다가 피곤하여 우물 곁에
그대로 앉으시니 때가 여섯 시쯤 되었더라

요한복음 11:35

예수께서 눈물을 흘리시더라

● 이와 같은 예수님의 모습에서 알 수 있는 사실은 무엇일까요?

....

....

예수님은 배고프고, 피곤해 하고, 친구를 잃은 슬픔에 눈물을
흘리며 감정에 공감하는 나와 같은 '인간의 모습'을 볼 수 있
습니다.

● 1번~2번 질문의 결론을 한 문장으로 만들어 볼까요?

예수님은 참 (인간)이시다는 사실입니다. 〈질문 14의 1 참고〉

히브리서 4장 15절

우리에게 있는 대제사장은 우리의 연약함을 동정하지 못하실 이가 아니요 모든
일에 우리와 똑같이 시험을 받으신 이로되 죄는 없으시니라

● 예수님은 어떤 면에서 사람과 같을까요?

연약하고 인생의 시험을 받으셨습니다.

● 예수님은 어떤 면에서 사람과 다를까요?

인간과 달리 죄가 전혀 없으셨습니다.

3 예수님은 스스로 자신을 어떻게 소개하고 있습니까?

요한복음 10장 30절

<u>나와 아버지는 하나</u>이니라 하신대

예수님은 스스로 하나님과 동일하다고 하셨습니다.

4 예수님이 자신을 소개하는 내용은 건방지고 무례한 표현으로 보일 수도 있습니다.

이와 같은 발언을 다른 곳에서도 찾아 볼 수 있습니다.

요한복음 5장 23절

이는 모든 사람으로 <u>아버지를 공경하는 것 같이 아들(예수)을 공경하게 하려</u>
<u>하심이라</u> 아들을 공경하지 아니하는 자는 그를 보내신 아버지도 공경하지
아니하느니라

요한복음 14장 9절

예수께서 이르시되 빌립아 내가 이렇게 오래 너희와 함께 있으되 네가 나를
알지 못하느냐 <u>나를 본 자는 아버지를 보았거늘</u> 어찌하여 아버지를 보이라
하느냐

● 예수님은 자신이 '하나님과 동일한 분'이고, 자기를 본 사람은 '아버지(하나님)를 본 것과 같다'고 말하고 있습니다.

5 오랫동안 예수님과 동행했던 사람들의 이야기도 중요합니다. 예수님을 가까이서 본 사람들은 예수님을 누구로 생각 했습니까?

마태복음 14장 25절, 33절
25 밤 사경에 예수께서 바다 위로 걸어서 제자들에게 오시니 … 33 배에 있는 사람들(예수님의 제자들)이 예수께 절하며 이르되 진실로 하나님의 아들이로소이다 하더라

마태복음 27장 54절
백부장과 및 함께 예수를 지키던 자들이 지진과 그 일어난 일들을 보고 심히 두려워하여 이르되 이는 진실로 하나님의 아들이었도다 하더라

요한복음 20장 28절
도마가 대답하여 이르되 나의 주님이시요 나의 하나님이시니이다

● 예수님을 메시아로 아직 믿지 못하던 모든 제자들이 바다 위를 걸어 오신 예수님을 보고 놀라움에 감탄했습니다.
백부장은 예수님을 십자가에 처형한 로마군대의 장교였고, 그와 함께 있던 사람은 로마 군인들이었습니다.

도마는 가장 의심이 많고 자주 대들던 예수님의 제자였습니다.

예수님을 메시아로 아직 믿지 못하던 제자들, 예수님을
믿지 않던 로마 백부장 및 군인들, 제자였으나 의심 많던
도마처럼 각기 다른 배경을 가진 이들이 예수님을 어떻게
고백했는지를 주목해 보십시오.

● 이와 같이 예수님 곁에 있던 사람들의 공통적인 의견은 무엇일
까요?〈질문 14의 1 참고〉
이들은 공통적으로 (하나님의 아들) 또는 (나의 주님)이라고
고백했습니다.

● 이제 3번~5번 질문의 결론을 한 문장으로 만들어 볼까요?
예수님은 참 (하나님)이시다는 사실 입니다.

6 지금까지 예수님의 정체에 대한 중요한 내용을 살펴보았
고, 다음과 같은 결론을 얻을 수 있습니다.

● 예수님은 우리와 동일한 육체를 가지신 (인간)이시고(1~2번 질문
의 결론), 우리와는 다른 (하나님)이십니다(3~5번 질문의 결론).

하나님은 공의로우십니다. 자신의 형상으로 창조한 사람을
사랑하셔서 그들의 죄를 용서하시기로 하셨으나, 그 사람의
죄는 반드시 심판하셔야만 했습니다.
하나님은 용서와 심판의 모순을 지닌 죄인으로서의 인간의

모습은 가지셨으나 죄(Sins)는 전혀 없으신 하나님의 모습을 가진 메시아 예수 그리스도를 성육신이라는 방법으로 해결하신 것입니다. (성육신 incarnation : 하나님이 인간의 모습으로 인간에게 오신 것)

● 1~2번의 질문의 '예수님은 참 인간이시다'라는 결론과 3~5번 질문의 '예수님은 참 하나님이시다'라는 결론을 한 문장으로 정리해 볼까요!

'예수님은 참 (인간)이시고, 참 (하나님) 이십니다'라는 사실입니다.

예수님은 어떤 일을 했습니까?

(이 부분은 예수님의 이력서에 해당하는 부분입니다)

7 사람들은 자기를 소개할 때 자신이 쌓아온 인생 경력을 말합니다.

이것은 자신이 그동안 해 온 모든 일이 바로 자신을 나타낸다고 생각하기 때문에 이력서가 자신을 소개하는데 중요한 수단이 됩니다.

당신은 예수님이 어떤 일을 했고 지금 무엇을 하고 있는지에 대해서, 즉 예수님의 이력서를 살펴볼 필요가 있습니다.

● 지금까지 당신은 예수님이 어떤 일을 하신 분으로 생각하셨습니까?

● 예수님은 자신에 대한 글을 스스로 남기지 않았습니다.

예수님의 행적을 알기 위해서는 그의 제자들의 기록을 참고하는 것이 정확합니다.

그들이 예수님의 행하신 일을 다 기록하지는 않았지만(요한복음 21:25), 꼭 필요한 내용은 제자인 마태, 마가, 누가, 요한이 쓴 복음서에 남겼습니다.

이제 그들의 기록을 살펴 보면서 예수님이 어떤 일을 했는지를 알아봅시다.

요한복음 21장 25절

예수께서 행하신 일이 이 외에도 많으니 만일 낱낱이 기록된다면 이 세상이라도
이 기록된 책을 두기에 부족할 줄 아노라

....

....

예수님이 하셨던 모든 일을 기록했다면 세상에 모든 책이
부족할 만큼 많은 일을 하셨다는 의미입니다. 예수님이 하신
일을 마태복음, 마가복음, 누가복음, 요한복음에 기록한
것은 예수님을 믿고 구원을 얻을 수 있는 충만한 지식을
전달해주기에 충분하기 때문입니다.

8 예수님의 제자였던 마태는 예수님이 공적활동을 하신 공생
애 기간에 하셨던 '세 가지 주요 공생애 사역'을 어떻게 말
하고 있습니까?

마태복음 4:23

예수께서 온 갈릴리에 두루 다니사 그들의 회당에서 <u>가르치시며</u> 천국 <u>복음을</u>
<u>전파하시며</u> 백성 중의 <u>모든 병과 모든 약한 것을 고치시니</u>

● 예수님은 가르치고, 전파하고, 치유하는 세 가지 주요 공생애
사역을 감당하셨습니다.

예수님은 그의 복음을 가르치는데 전념하셨고, 우리는
그분의 말씀을 배워야 합니다.

예수님이 천국복음을 전파하신 것은 여러 지역에서 전도와 선교에 열심을 내신 것입니다.
예수님은 모든 병든 사람, 핍박받는 약자들, 마음에 심각한 상처를 받은 사람들을 고치시고 위로하셨습니다.

● 예수님은 공생애 기간을 어떤 사람들과 지냈습니까?

마가복음 2장 15절

그의 집에 앉아 잡수실 때에 많은 세리와 죄인들이 예수와 그의 제자들과 함께 앉았으니 이는 그러한 사람들이 많이 있어서 예수를 따름이러라

당시 로마식민지를 살았던 유대인은 민족을 배반하고 로마 공무원이 된 세리(세관원)를 배신자로 여기고 세리는 곧 죄인이라고 배척했습니다.

● 예수님은 어떤 삶을 사셨습니까?

마가복음 10장 45절

인자가 온 것은 섬김을 받으려 함이 아니라 도리어 섬기려 하고 자기 목숨을 많은 사람의 대속물로 주려 함이니라

먼저 섬기고 자신의 목숨마져 인간을 위해 대속물로 주셨습니다. (대속물: 제사에서 신에게 바치며 화목을 상징하는 희생제물)

● 아름답고 위대한 생애를 보낸 예수님은 어떠한 죽음을 맞이 했습니까?

마가복음 15장 15절, 25절

¹⁵ 빌라도가 무리에게 만족을 주고자 하여 바라바는 놓아 주고 예수는
채찍질하고 십자가에 못 박히게 넘겨 주니라 … ²⁵ 때가 제 삼시가 되어
<u>십자가에 못 박으니라</u>

당시 로마시대에 가장 흉악한 범죄자에게 적용한 십자가
형벌로 죽었습니다. 십자가에서 벌거벗겨진 채로 손과 발에
못박히면 새들이 날아와 몸을 쪼아 먹고, 시신이 부패하여
뼈가 으스러져 땅에 떨어지면 그제서야 유가족이 뼈를
수거해 장사를 지낼 수 있는 형벌이었습니다.
벌거벗은 수치와 최악의 고통으로 두려움을 주던
형벌이었습니다.

9 예수님이 십자가에서 피 흘려 죽으심으로 사람들의 모든
죄를 해결해 주셨습니다(에베소서 1장 7절).

● 이 죄에 당신의 죄도 포함된다고 생각하십니까?
● 그 외에 예수님 십자가로 이 세상에 어떤 혜택이 베풀어졌을까
요?

에베소서 1장 7절

우리는 그리스도 안에서 그의 은혜의 풍성함을 따라 그의 피로 말미암아 속량 곧 <u>죄 사함을 받았느니라</u>

에베소서 2:13-14

[13] 이제는 전에 멀리 있던 너희가 그리스도 예수 안에서 <u>그리스도의 피로 가까워졌느니라</u> [14] 그는 우리의 화평이신지라 <u>둘로 하나를 만드사</u> 원수 된 것 곧 중간에 막힌 담을 자기 육체로 허시고

골로새서 1장 20절

그의 <u>십자가의 피로 화평을 이루사</u> 만물 곧 땅에 있는 것들이나 하늘에 있는 것들이 그로 말미암아 자기와 화목하게 되기를 기뻐하심이라

인간은 누구나 죄를 가지고 살아가며, 크고 작은 죄책감에 눌려 양심의 문제를 가지고 삽니다. 죄를 가진 인간의 본성은 반복해서 죄를 습관처럼 행동하게 하여 고통을 가져옵니다. 개인의 다툼과 국가간의 전쟁으로 나타나기도 합니다. 예수님의 십자가는 인간의 모든 죄와 인류의 모든 불완전한 문제를 해결해 주는 하나님의 답이 되어 주셨습니다.

● 7~10번 질문의 결론을 한 문장으로 정리해 볼까요!

예수님이 공생애기간 3가지 주요한 활동은 (가르치고), (전파하고), (치유)하는 것이었습니다.

모든 인간의 죄를 용서해주기 위해 (십자가)형벌을 대신 감당하셔서 하나님과 우리 사이에 죄로 갈라진 틈을 이어주는 (화평의 통로)가 되셨습니다.

예수님은 지금 무엇을 하고 있습니까?

(이 부분은 예수님의 현재 위치에 해당하는 부분입니다)

10 우리와 만났던 사람들이 떠나가면 그 사람에 대한 기억을 갖게 됩니다.

그러나 우리의 기억 속에는 남아 있을지라도 실제적인 영향은 주지 못합니다.

● 지금까지 정말로 놀라운 사랑과 고귀한 희생의 사신 예수의 생애와 죽음에 대해서 알게 되었습니다.

예수님이 십자가에 죽음으로 그의 생애가 끝나버렸다면 그는 하나의 위대한 인물로만 기억되었을 것입니다.

성경은 예수님이 죽었다가 다시 살아났고, 지금 살아서 우리에게 역사 하신다고 합니다.

● 이 사실에 대해서 당신은 어떻게 생각하십니까?

....

....

● 예수님의 생애와 죽음에 대해서 알고 그를 높이 평가하는 사람들이 있지만, 예수님의 부활을 모른다면 온전히 알고 평가하는 것은 아닙니다.

예수님의 부활은 본인이 살아 있을 때 예언한 것이고, 그의 제자들이 순교하면서까지 증거한 것이기 때문입니다.

11 예수님은 자신이 죽은 후에 어떤 일이 일어날 것이라고 말했습니까?

마태복음 16장 21절

이 때로부터 예수 그리스도께서 자기가 예루살렘에 올라가 장로들과 대제사장들과 서기관들에게 많은 고난을 받고 죽임을 당하고 제 삼일에 살아나야 할 것을 제자들에게 비로소 나타내시니

● 성경은 예수님이 자신이 예언했던 대로 다시 살아났다고 말합니다. 그의 말대로 다시 살아났을까요?

....

....

고린도전서 15장 3-8절

³ 내가 받은 것을 먼저 너희에게 전하였노니 이는 성경대로 그리스도께서 우리 죄를 위하여 죽으시고 ⁴ 장사 지낸 바 되셨다가 성경대로 사흘 만에 다시 살아나사 ⁵ 게바에게 보이시고 후에 열두 제자에게와 ⁶ 그 후에 오백여 형제에게 일시에 보이셨나니 그 중에 지금까지 대다수는 살아 있고 어떤 사람은 잠들었으며 ⁷ 그 후에 야고보에게 보이셨으며 그 후에 모든 사도에게와 ⁸ 맨 나중에 만삭되지 못하여 난 자 같은 내게도 보이셨느니라

● 예수님은 자신이 말한대로 십자가에서 죽고 장례한지 3일째 되는 날 다시 살아 났습니다.

● 부활한 예수님을 어떤 사람들이 보았습니까?

....

....

게바(베드로의 아람어 이름)와 열 한명의 제자들, 오백명의
형제들(이들 가족들의 합은 약 2천명 이상), 야고보(예수님의 친 동생),
바울 등 2,014명 이상에게 보여주셨습니다. 예수님의
부활을 수많은 사람들이 실제 목격했다는 법적 증언과 같은
내용입니다.

12 예수님은 부활 후 어디로 갔습니까?

사도행전 1:9-11절
[9] 이 말씀을 마치시고 그들이 보는데 올려져 가시니 구름이 그를 가리어 보이지
않게 하더라 [10] 올라가실 때에 제자들이 자세히 하늘을 쳐다보고 있는데 흰
옷 입은 두 사람이 그들 곁에 서서 [11] 이르되 갈릴리 사람들아 어찌하여 서서
하늘을 쳐다보느냐 너희 가운데서 하늘로 올려지신 이 예수는 하늘로 가심을 본
그대로 오시리라 하였느니라

자신의 처소인 (천국)으로 가셨습니다.

● 하늘로 가신 예수님은 지금 어떤 위치에서 무엇을 하고 계십니
까?

에베소서 1장 20-23절

²⁰ 그의 능력이 그리스도 안에서 역사하사 죽은 자들 가운데서 다시 살리시고 하늘에서 <u>자기(하나님)의 오른편에 앉히사</u> ²¹ 모든 통치와 권세와 능력과 주권과 이 세상뿐 아니라 오는 세상에 일컫는 <u>모든 이름 위에 뛰어나게</u> 하시고 ²² 또 <u>만물을 그의 발 아래에 복종하게</u> 하시고 그를 <u>만물 위에 교회의 머리로</u> 삼으셨느니라 ²³ 교회는 그의 몸이니 만물 안에서 만물을 충만하게 하시는 이의 충만함이니라

● 예수님은 현재 어떤 위치에 있습니까?
  20절, 하나님의 우편에 앉으셔서 우주를 다스리십니다.

● 예수님은 현재 어떤 것들 보다 뛰어 나십니까?
  21절, 세상의 모든 것들 보다 뛰어 나십니다.

● 하나님의 오른편에 앉으신 예수님에게 주어진 두 가지 결과는 무엇입니까?
  22절, 세상 만물을 다스리고, 세상의 최고 위치에 있는 교회의 머리가 되어 통치하십니다.

● 예수님이 다시 살아나시고 하늘에 올라가신 후 세상에 있는 제자들이 예수님에 대해서 사람들에게 강조했던 것은 무엇입니까?

사도행전 2장 32절, 4장 33절

2:32 이 예수를 하나님이 살리신지라 우리가 다 <u>이 일에 증인</u>이로다.

4:33 사도들이 큰 권능으로 <u>주 예수의 부활을 증언하니</u> 무리가 큰 은혜를 받아

....

....

예수님이 죽음에서 다시 (부활)하셨다는 사실입니다.
예수님을 믿는 성도는 예수님처럼 죽음 이후에 그의
천국에서 다시 부활하여 영원히 살게 되기 때문입니다(고전
15:20).

13 예수님의 부활을 믿는 신앙은 우리의 일상 생활에 어떤 영향을 줄 수 있을까요?

로마서 6:4-5절

[4] 그러므로 우리가 그의 죽으심과 합하여 세례를 받음으로 그와 함께
장사되었나니 이는 아버지의 영광으로 말미암아 그리스도를 죽은 자 가운데서
살리심과 같이 <u>우리로 또한 새 생명 가운데서 행하게 하려 함이라</u> [5] 만일 우리가
그의 죽으심과 같은 모양으로 연합한 자가 되었으면 또한 그의 부활과 같은
모양으로 연합한 자도 되리라

● 예수님을 믿는 내가 죽음 이후에 그의 영원한 천국에서 예수님과 살 수 있다는 믿음을 주고, 이 세상에서 살아가는 모든 일에 의욕을 가지고 살아 갈 수 있습니다.

● 예수님의 부활이 역사적인 사실이 아니라면, 지금 예수님을 믿는 사람들에게 어떤 문제가 생길까요?

....

....

고린도전서 15장 14절
그리스도께서 만일 다시 살아나지 못하셨으면 우리가 전파하는 것도 헛것이요
또 너희 믿음도 헛것이며

부활이 사실이 아니라면 모든 것이 헛되고 쓸모 없는 거짓이 됩니다.
그만큼 부활은 성도들에게 내가 하고 있는 모든 것을 의미 있게 해주는 하나님의 기쁜 열매이고 성도인생의 최종 결과입니다.

11~14번 질문의 결론을 한 문장으로 정리해 볼까요!
'예수님은 죽은지 3일 만에 부활하셔서 하나님의 천국으로 올라갔습니다. 하나님 보좌 우편에서 모든 권세를 가지고 세상을 통치하시고 교회의 머리가 되어 세상의 모든 교회를 다스리고 계십니다.'

일상의 열매를 거두며...

14 지금까지 알게된 예수님이 누구인가에 대한 내용을 정리해 봅시다.

1) 예수님은 참 인간이시고 참 하나님이십니다.

2) 예수님은 가르치고 전파하고 치유하고, 십자가에서 인간의 죄를 위해 대신 죽으셨습니다.

3) 예수님은 죽은지 3일 만에 부활하셔서 하나님의 천국으로 올라갔습니다. 지금 하나님 보좌 우편에서 모든 권세를 가지고 세상을 통치하시고 교회의 머리가 되어 모든 교회를 다스리고 계십니다.

● 지금까지 배운 예수님의 부활에 대해서 알게된 내용은 무엇입니까?

....

....

● 오늘 알게 된 예수 부활을 관심 있는 분들에게 전해보시면 어떠실까요?

....

....

＊memo

나의 인생 그래프

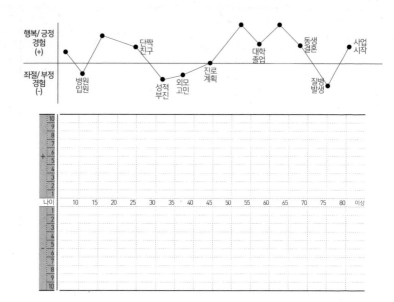

Tips. 나의 인생 그래프 작성하는 법

1. 구원을 받은 시점(또는 어렸을 때부터 현재까지)을 기준으로 주요 사건을 인생 그래프로 만들어 보세요.

2. +영역 1~10은 '기쁨'을 느꼈던 중요한 사건을, -영역 1~10은 '어려움'을 느꼈던 중요한 사건을 나이별로 기록합니다.

3. 위쪽(+)은 행복함, 풍성함, 성취감 등을 느낀 인생의 사건을 기록하고 그에 해당하는 정도를 수치로 기록합니다.

4. 아래쪽(-)은 어려움, 빈곤함, 실패감 등을 느낀 인생의 사건을 기록하고 그에 해당하는 정도를 수치로 기록합니다.

5. 개인을 가족, 공동체의 역사로 확장해서 기록하고 나누어도 좋습니다.

6. 나의 인생그래프는 '지금의 나'를 알 수 있는 자기 개방을 통해 '소중한 나(가정, 공동체)'를 알게 해주는 마음측정도구 입니다.

나의 인생 그래프

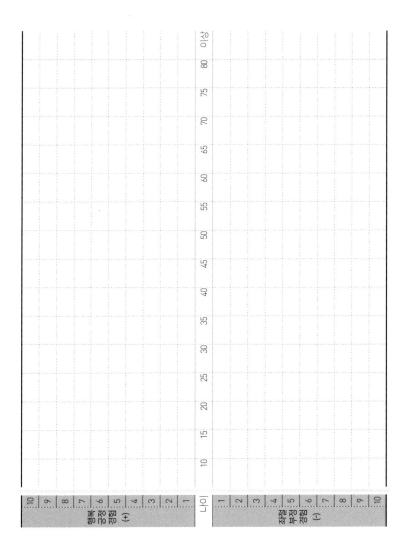

행복
긍정
경험 (+)

10	9	8	7	6	5	4	3	2	1

나이

10	15	20	25	30	35	40	45	50	55	60	65	70	75	80	이상

1	2	3	4	5	6	7	8	9	10

좌절
부정
경험 (-)

일대일 클래스 3

One to one Class 3

구원길

클래스 3
구원이란 무엇인가

요한복음 5장 24절
내가 진실로 진실로 너희에게 이르노니 내 말을 듣고 또 나
보내신 이를 믿는 자는 영생을 얻었고 심판에 이르지 아니하나니
사망에서 생명으로 옮겼느니라

요한일서 5장 13절
내가 하나님의 아들의 이름을 믿는 너희에게 이것을 쓰는 것은
너희로 하여금 너희에게 영생이 있음을 알게 하려 함이라

➕ 핵심내용

● 구원의 성경적 의미를 알게 됩니다.
● 구원의 확신이 있는지를 점검하고, 확신을 갖도록 도와줍니다.
● 믿음의 지, 정, 의 세 측면을 살펴보며 구원의 확신을 견고히
   하도록 도와줍니다.

마음의 문을 활짝 열며...

- 지금까지 내가 받은 선물 중에서 마음에 남는 선물은 무엇이 었습니까?
- 누군가에게 준 선물 중에서 마음에 남는 선물은 무엇이었습 니까?
- 그 이유를 함께 나누어 주시겠습니까?

....

....

- 내가 경험한 구원의 감격을 나누어주십시오.

....

....

- 구원이란 무엇이라고 생각하십니까? 당신의 생각을 나누어 주십시오.

....

....

말씀의 씨앗을 뿌리며...

구원을 위한 하나님의 계획

1 죽음에는 세 가지 종류가 있습니다.

첫째, **영의** 죽음입니다. 하나님과 친밀한 관계가 끊어진 상태입니다.

둘째, **육의** 죽음입니다. 몸과 영혼이 분리되는 상태입니다.

셋째, **영원한 죽음**입니다. 하나님과 관계 회복이 불가능한 상태입니다.

이 중에서 두 번째 육의 죽음과 세 번째 영원한 죽음은 회복의 기회가 다시는 없습니다.

성경은 영원한 죽음의 문제를 해결하는 하나님의 그 방법이 예수 그리스도라고 알려주고 있습니다.

● 구원은 영원한 죽음을 극복하는 놀랍고 값진 하나님의 선물입니다.

2 하나님은 죄의 문제를 해결하기 위해 놀라운 계획을 세우셨습니다.

하나님은 죄에 빠진 사람을 벌해야 하고(영원한 죽음) 죄에 빠진 사람을 사랑해야 하는(구원) 두 가지 문제를 해결하기 위해 '구원 계획'을 세우셨습니다.

하나님의 구원 계획은 예수 그리스도입니다.

에베소서 1장 3-7절

3 찬송하리로다 하나님 곧 우리 주 예수 그리스도의 <u>아버지께서</u> 그리스도 안에서 하늘에 속한 모든 신령한 복을 우리에게 주시되 **4** 곧 <u>창세 전에</u> 그리스도 안에서 <u>우리를 택하사</u> 우리로 사랑 안에서 그 앞에 거룩하고 <u>흠이 없게 하시려고</u> **5** 그 기쁘신 뜻대로 우리를 예정하사 예수 그리스도로 말미암아 자기의 아들들이 되게 하셨으니 **6** 이는 그가 사랑하시는 자 안에서 우리에게 거저 주시는 바 그의 은혜의 영광을 찬송하게 하려는 것이라 **7** 우리는 그리스도 안에서 <u>그의 은혜의 풍성함을 따라</u> 그의 피로 말미암아 속량 곧 죄 사함을 받았느니라

- 구원 받을 대상 선택의 주체는 누구입니까?

  (3절, 하나님 아버지)

- 언제 구원하기로 선택하셨습니까?

  (4절, 창세 전에)

- 구원받을 대상의 선택의 조건은 무엇입니까?

  (7절, 은혜의 풍성함을 따라)

- 구원하시려는 동기는 무엇입니까?

  (4절, 흠이 없게 하시려고)

● 구원받은 사람들의 결과는 무엇입니까?
  (5절, 하나님의 아들이 됨)

● 우리가 예수님을 믿게 된 것은 우연히 일어난 사건이 아닙니다. 창조역사 이전부터 하나님의 구원 계획 속에 포함되어 있는 일 입니다.
  성경은 하나님이 우리를 하나님의 기쁘신 뜻대로 선택하셨다고 설명합니다.
  하나님은 우리를 조건 없이 사랑하셔서 자녀로 선택하셨습니다. 그 결과 예수님을 믿게 되었고, 하나님의 자녀가 된 것입니다.
  성경은 이것을 (은혜)라고 말합니다.

믿음으로 얻는 구원

3 하나님의 구원을 얻기 위해 필요한 것은 무엇입니까?

요한복음 1장 12절

영접하는 자 곧 그 이름을 믿는 자들에게는 하나님의 자녀가 되는 권세를
주셨으니

....

....

예수님을 나의 구원자로 믿는 것입니다.

구원은 사람의 어떤 노력이나 행동으로 얻을 수 있는 것이 아닙
니다.
성경은 구원을 값없이 주시는 하나님의 선물이라고 말합니다.

에베소서 2장 8-9절

8 너희는 그 은혜에 의하여 믿음으로 말미암아 구원을 받았으니 이것은
너희에게서 난 것이 아니요 하나님의 선물이라 9 행위에서 난 것이 아니니 이는
누구든지 자랑하지 못하게 함이라

● 구원을 인간의 노력으로 소유하게 된다면 어떤 일이 일어나
겠습니까?

....

....

하나님의 구원을 값을 지불하여 소유하거나 자신만의 선행의
기준을 세우려고 하다가 혼란을 겪게 될 것입니다.

구원의 확신

4 성경은 그리스도인이 예수님을 구원자로 믿고 하나님에게서 선물로 받은 구원은 영원히 변할 수 없다고 말합니다. 그러나 어떤 그리스도인은 구원의 확신이 흔들리는 경우가 있습니다.

● 당신이 생각하는 구원과 구원의 확신은 무엇입니까?

....

....

5 성경은 믿음으로 구원을 얻는다고 말하고 있습니다. 구원의 확신을 확인 해주는 다음의 성경구절을 살펴보십시오.

요한복음 5장 24절

내가 진실로 진실로 너희에게 이르노니 내 말을 듣고 또 나 보내신 이를 믿는 자는 영생을 얻었고 심판에 이르지 아니하나니 사망에서 생명으로 옮겼느니라

고린도전서 12장 3절

그러므로 내가 너희에게 알리노니 하나님의 영으로 말하는 자는 누구든지 예수를 저주할 자라 하지 아니하고 또 성령으로 아니하고는 누구든지 예수를 주시라 할 수 없느니라

하나님이 한 번 주신 구원은 변하거나 바꿀 수 없는
(단회적)이고 (영원한 것)입니다.

구원의 내용

6 그리스도인이 된다는 것은 믿음으로 그리스도를 영접하여
그분이 주시는 사랑과 죄 용서함을 받는 것을 말합니다.
그것은 그리스도에게 당신의 지성, 감정, 의지의 모든 인격을 드
림으로 이루어 집니다.
그리스도와 성도와의 관계는 결혼의 관계로 비유할 수 있습니다.
남자와 여자가 서로에게 맞는 인생 반려자로 선택하는 과정과 갖
습니다.
서로가 누구인지 알아 갑니다.(지성)
사랑의 감정을 나눕니다.(감정)
결혼식에서 증인(하객) 앞에서 평생 반려자로 고백합니다.(의지)

그리스도를 지식으로 아는 것, 감정의 체험, 의지의 행위로 삶 속
에서 예수 그리스도의 말씀을 따라 사는 것이 필요합니다.

1. 지적인 이해

기독교는 맹목적인 신앙이 아닙니다. 예수 그리스도의 부활은 역사적 사실입니다. 신앙의 지적인 헌신을 위해서는 성경에 기록된 복음의 내용을 이해해야 합니다.

● 예수 그리스도는 누구입니까? (2과 질문 14의 1참고)

● 예수 그리스도는 어떤 일을 했습니까? (2과 질문 14의 2참고)

● 예수 그리스도는 지금 무엇을 하십니까? (2과 질문 14의 3참고)

2. 감정의 체험

● 감정은 말씀과 믿음의 결과입니다.
  믿음의 감정은 말씀과 믿음의 결과입니다.
  믿음에는 감정의 반응이 있고, 사람마다 각기 다른 감정의 반응이 있습니다.

● 믿음에는 각기 다른 감정의 반응이 있습니다.

● 베드로의 설교를 들은 사람들의 반응(사도행전 2장 14절, 37절)은 어떠했습니까?

사도행전 2장 14절, 37절

2:14 베드로가 열한 사도와 함께 서서 소리를 높여 이르되 유대인들과 예루살렘에 사는 모든 사람들아 이 일을 너희로 알게 할 것이니 내 말에 귀를 기울이라 … **2:37** 그들이 이 말을 듣고 마음에 찔려 베드로와 다른 사도들에게 물어 이르되 형제들아 우리가 어찌할꼬 하거늘

마음에 (찔림)을 받아 자신의 죄를 회개했습니다.

● 스데반의 설교를 들은 사람들의 반응(사도행전 7장 54절)은 어떠했습니까?

사도행전 7장 2절, 54절

7:2 스데반이 이르되 여러분 부형들이여 들으소서 우리 조상 아브라함이 하란에 있기 전 메소보다미아에 있을 때에 영광의 하나님이 그에게 보여 … **7:54** 그들이 이 말을 듣고 마음에 찔려 그를 향하여 이를 갈거늘

마음에 (찔림)을 받았지만 자신의 죄를 회개하지 않고 오히려 죄를 지적하는 스데반을 (대적)했고 돌로 죽이고 말았습니다.

● 이처럼 사람마다 (감정적인 체험)과 (반응)이 다르다는 것을 인정해야 합니다.

● 사도 바울의 극적인 회심사건과 디모데의 평범한 신앙성장과정을 비교해 보십시오.

사도행전 9장 3~7절, 17~18절

³ 사울이 길을 가다가 다메섹에 가까이 이르더니 홀연히 하늘로부터 빛이 그를 둘러 비추는지라 ⁴ 땅에 엎드러져 들으매 소리가 있어 이르시되 사울아 사울아 네가 어찌하여 나를 박해하느냐 하시거늘 ⁵ 대답하되 주여 누구시니이까 이르시되 나는 네가 박해하는 예수라 ⁶ 너는 일어나 시내로 들어가라 네가 행할 것을 네게 이를 자가 있느니라 하시니 7 같이 가던 사람들은 소리만 듣고 아무도 보지 못하여 말을 못하고 서 있더라 … ¹⁷ 아나니아가 떠나 그 집에 들어가서 그에게 안수하여 이르되 형제 사울아 주 곧 네가 오는 길에서 나타나셨던 예수께서 나를 보내어 너로 다시 보게 하시고 성령으로 충만하게 하신다 하니 ¹⁸ 즉시 사울의 눈에서 비늘 같은 것이 벗어져 다시 보게 된지라 일어나 세례를 받고

디모데후서 1장 2절, 5절

² 사랑하는 아들 디모데에게 편지하노니 하나님 아버지와 그리스도 예수 우리 주께로부터 은혜와 긍휼과 평강이 네게 있을지어다 … ⁵ 이는 네 속에 거짓이 없는 믿음이 있음을 생각함이라 이 믿음은 먼저 네 외조모 로이스와 네 어머니 유니게 속에 있더니 네 속에도 있는 줄을 확신하노라

사도 바울은 핍박자가 되어 그리스도인을 체포하기 위해 길을 가는 도중에 예수님과 신비한 경험을 통해 만나서 회심을 했고, 디모데는 외할머니와 어머니의 신앙교육으로 기독교인으로 평범하게 성장했습니다.
이 두 사람은 하나님에게 크게 쓰임 받은 사람들이었으나, 하나님을 만난 과정과 신앙배경은 전혀 달랐습니다.

- 사람마다 각기 다른 신앙의 감정과 반응으로 하나님을 경험하고 믿음을 갖게 됩니다.
- 동일한 것은 그리스도인이 하나님을 믿는 믿음은 그분의 말씀을 믿음으로 얻게 되며, 믿음으로 얻게 된 구원과 확신은 하나님 말씀의 권위에 근거합니다.
- 그리스도인은 하나님의 말씀과 그분의 신실성을 믿는 믿음으로 사는 것입니다.

3. 의지의 결심

- 예수님을 믿는다는 것은 의지의 행위를 수반합니다.
- 예수님은 자신만만하고 부자였던 젊은 관원에게 어떤 의지의 결심을 요구하셨습니까?

마태복음 19장 21~22절

21 예수께서 이르시되 네가 온전하고자 할진대 가서 네 소유를 팔아 가난한 자들에게 주라 그리하면 하늘에서 보화가 네게 있으리라 그리고 와서 나를 따르라 하시니 22 그 청년이 재물이 많으므로 이 말씀을 듣고 근심하며 가니라

....

....

청년의 마음에는 재산에 대한 탐욕으로 가득 차 있어서
예수님의 말씀을 받아 들일 만한 믿음의 자리가 없었습니다.

● 예수님을 만난 가난한 거지 맹인은 믿음의 의지를 어떻게 표현했습니까?

누가복음 18장 39-42절

³⁹ 앞서 가는 자들이 그를 꾸짖어 잠잠하라 하되 <u>그가 더욱 크게 소리 질러 다윗의 자손이여 나를 불쌍히 여기소서 하는지라</u> ⁴⁰ 예수께서 머물러 서서 명하여 데려오라 하셨더니 그가 가까이 오매 물어 이르시되 ⁴¹ 네게 무엇을 하여 주기를 원하느냐 이르되 주여 보기를 원하나이다 ⁴² 예수께서 그에게 이르시되 보라 네 믿음이 너를 구원하였느니라 하시매

거지 맹인은 주위 사람들의 방해에도 불구하고 예수님이 자신을 치료 할 수 있다는 믿음을 굽히지 않고 도움을 요청했습니다.

● 당신은 예수님을 믿을 때 분명한 의지의 결심을 하셨습니까?

....

....

구원의 단계^(서정)

7 지금까지 구원의 확신과 구원의 내용을 배웠습니다.
구원의 단계는 크게 세 가지로 나누어 정의 할 수 있습니다.

1. 칭의 (Justification)

우리가 이미 받은 구원(Salvation past)으로 하나님이 우리를 의롭다고 인정해 주시며 주신 것입니다.

● 내가 구원받기 이전의 상황은 하나님과 관계가 깨진 상태였습니다.

롬 3장 23절
모든 사람이 죄를 범하였으매 하나님의 영광에 이르지 못하더니

....

....

● 죄로 인해 하나님과 깨진 관계를 예수님을 통해 회복 할 수 있게 되었습니다.

요한복음 3장 16절

하나님이 세상을 이처럼 사랑하사 독생자를 주셨으니 이는 그를 믿는 자마다
멸망하지 않고 영생을 얻게 하려 하심이라

● 구원은 하나님에게서 시작되었고, 하나님이 전적으로 주도하
신 사건입니다.

....

....

2. 성화(Sanctification)

현재 구원받은 감격과 기쁨의 삶을 누리는 구원(Salvation present)
으로 구원을 이루어 가는 과정입니다.

● 성화 과정의 핵심은 하나님과 깊이 교제하는 것입니다.

빌립보서 2장 12-13절

12 그러므로 나의 사랑하는 자들아 너희가 나 있을 때뿐 아니라 더욱 지금 나
없을 때에도 항상 복종하여 두렵고 떨림으로 너희 구원을 이루라 13 너희 안에서
행하시는 이는 하나님이시니 자기의 기쁘신 뜻을 위하여 너희에게 소원을 두고
행하게 하시나니

....

....

"이룬다(누린다)"는 현재진행형 동사입니다. 멈추지 말고 계속에서 파고 들어가라는 의미입니다. 영어 성경(NIV)에서는 'work out'으로 사용하는데, 운동으로 몸을 달련 시킨다는 의미입니다. 계속해서 몸을 단련하듯이 구원을 계속해서 단련하라는 의미입니다.

3. 영화(Glorification)

장차 받을 '완성된 구원(Salvation future)'입니다.

> 빌립보서 1장 6절
> 너희 안에서 착한 일을 시작하신 이가 <u>그리스도 예수의 날까지 이루실 줄을</u> 우리는 확신하노라

....

....

- 영화를 의미하는 '그리스도 예수의 날까지'는 우리가 천국 가는 인생 마지막 날이나 주님이 다시 재림하시는 날을 의미합니다.

- 구원받은 사람은 완전한 천국 시민권자들입니다.

- 성도는 구원받은 순간부터 영원한 천국을 갈망하며 살아가게 됩니다.

일상의 열매를 거두며...

천국은 어떤 곳입니까?

천국은 죄와 아픔이 없고(계 21:4) 하나님과 영원히 교제하는 곳
(계 21:3)입니다.
천국은 구원받은 성도들의 영적인 고향이고 안식처입니다.

요한계시록 21장 1-7절

[1] 또 내가 새 하늘과 새 땅을 보니 처음 하늘과 처음 땅이 없어졌고 바다도 다시
있지 않더라 [2] 또 내가 보매 거룩한 성 새 예루살렘이 하나님께로부터 하늘에서
내려오니 그 준비한 것이 신부가 남편을 위하여 단장한 것 같더라 [3] 내가 들으니
보좌에서 큰 음성이 나서 이르되 보라 하나님의 장막이 사람들과 함께 있으매
하나님이 그들과 함께 계시리니 그들은 하나님의 백성이 되고 하나님은 친히
그들과 함께 계셔서 [4] 모든 눈물을 그 눈에서 닦아 주시니 다시는 사망이 없고
애통하는 것이나 곡하는 것이나 아픈 것이 다시 있지 아니하리니 처음 것들이
다 지나갔음이러라 [5] 보좌에 앉으신 이가 이르시되 보라 내가 만물을 새롭게
하노라 하시고 또 이르시되 이 말은 신실하고 참되니 기록하라 하시고 [6] 또
내게 말씀하시되 이루었도다 나는 알파와 오메가요 처음과 마지막이라 내가
생명수 샘물을 목마른 자에게 값없이 주리니 [7] 이기는 자는 이것들을 상속으로
받으리라 나는 그의 하나님이 되고 그는 내 아들이 되리라

● 요한계시록이 말하는 천국을 내가 이해한대로 이야기 해봅시다.

....

....

....

● 모든 사람은 아담과 하와로부터 시작된 원죄로 인해서 육체적 죽음을 경험하게 됩니다.
하나님의 자녀가 된 성도는 육체적 죽음 이후에 영원한 천국에서 하나님과 함께 살아가게됩니다.

얼마나 기쁘고 흥분된 일일까요?
하나님의 천국에서 다시 만나기를 함께 응원해 봅시다!

인생 일곱질문

소중한 일곱가지 인생 질문에 대해 생각해 보고 함께 나누어 봅시다.

① 내가 가장 소중하게 생각하는 것은 무엇입니까?

② 나는 미래에 어떤 소중한 성공을 이루고 싶습니까?

③ 나에게 보람 있게 산다는 것은 어떤 의미입니까?

④ 나에게 지난 1년 동안 가장 성공적이었다고 생각되는 일(사건)은 무엇입니까?

⑤ 내가 앞으로 10년 이내에 맞이할 가장 큰 일(사건)은 무엇일까요?

⑥ 나는 가족들에게 어떤 사람으로 인정 받고 싶습니까?

⑦ 지금까지 내 인생의 일대기를 영화로 제작한다면 제목은 무엇으로 정하겠습니까?

Tips.

1. 하나님의 완전 수'7'을 의미하는 일곱가지 질문을 통해 교회(개인, 가정)가 추구하는 목표를 생각해 볼 수 있습니다.

2. '나'대신에 '가족', '교회', '소그룹'으로 적용 하여도 됩니다.

3. 공동체(개인, 가족)가 추구하는 소중한 가치를 알 수 있습니다.

4. '현재의 나'와 '미래의 나'를 자기 개방하며, 마음의 소통을 할 수 있는 질문 나눔 도구 입니다.

인생 일곱질문

나의 소중한 일곱가지 인생 질문에 생각해 보고 함께 나누어 봅시다.

질문 ①	내가 가장 소중하게 생각하는 것은 무엇입니까?
나의 답)	
질문 ②	나는 미래에 어떤 소중한 성공을 이루고 싶습니까?
나의 답)	
질문 ③	나에게 보람 있게 산다는 것은 무엇 입니까?
나의 답)	
질문 ④	나에게 지난 1년 동안 가장 성공적이었다고 생각되는 일(사건)은 무엇입니까?
나의 답)	
질문 ⑤	내가 앞으로 10년 이내에 맞이할 가장 큰 일(사건)은 무엇일까요?
나의 답)	
질문 ⑥	나는 가족들에게 어떤 사람으로 인정 받고 싶습니까?
나의 답)	
질문 ⑦	지금까지 내 인생의 일대기를 영화로 제작한다면 제목은 무엇입니까?
나의 답)	

Yes you can! P413
일대일 소풍길 클래스 3
One to One Picnic 4 U Class 3

당신의 소중하고 풍성한 인생을 응원합니다. 소풍인생에 대해서 들어 보셨습니까?

- 당신의 소중한 인생을 응원합니다.
- 하나님은 '당신을 사랑'하십니다(요3:16).
- 하나님은 당신에게 무엇이든지 할 수 있는 가능성을 주셨습니다 (빌4:13).
- 예수님은 당신이 생명을 얻고 풍성한 인생이 되도록 하나님의 통로가 되셨습니다(요10:10).
- 당신은 예수님을 구원자로 믿고 영원한 생명을 얻게 됩니다(요 1:12).
- 사람은 각자가 예수님을 내 인생의 구원자로 초대하여 소통하게 됩니다(계3:20).
- 예수님과 소통하고 싶습니까?
- 당신은 그리스도인들이 모이는 교회(공동체)에서 서로 응원 할 수 있습니다.
- 당신의 인생을 힘껏 응원하고 축복합니다.
- 경청해주셔서 고맙습니다.

"

무엇이든지 할 수 있는
당신의 소중한 인생을 응원합니다.

"

개인적인 도움이 필요하시면
아래의 연락처로 연락을 주시면 안내드리겠습니다.

이메일:

연락처:

일대일 소풍길
클래스 3

초판 1쇄 발행	2023년 3월 25일
지은이	박정우
펴낸이	신덕례
편집	권혜영
펴낸곳	우리시대
	경기도 고양시 덕양구 마상로 102번길 53
SNS	woorigeneration
Email	woorigeneration@gmail.com
디자인	토라디자인 (010-9492-3951)
ISBN	979-11-85972-53-4 (03230)
가격	8,000원